# 島津日新公いろは歌

髙城書房編

# 島津忠良（日新公）

鹿児島短期大学学長　三木　靖

いろは歌を作った島津忠良は、一四九二（明応元）年薩摩国伊作城（鹿児島県日置郡吹上町中原）に誕生した。父は同城の城主で薩摩国守護の島津家の分家伊作家の善久《よしひさ》、母は新納是久の娘常盤《ときわ》（梅窓院）で、長男だった。伊作家は伊作郷という単一の郷の領主に過ぎなかったうえ、三歳のとき父が家臣に斬殺されるという恵まれない環境だったが、祖父の久逸と母の助けでかろうじて家名を維持していった。忠良は伊作海蔵院の頼増和尚に預けられ、そこで教育を受けた。頼増は厳しい躾で知られ、忠良が頼増の言うことを聞かないときには御堂の柱にしばりつけたと言われていて、今もその柱が残っている。

一五〇六（永正三）年十四歳で家に戻って伊作家の後継者になり、新納忠澄《ただすみ》の薫育を受けることができた。

後に母が、同格の島津分家で、伊作に隣接する尾下の田布施城城主で、善久の従兄弟でもあった相州家の運久《ゆきひさ》と再婚した際、忠良は運久の養子となり田布施城に移った。一五一二（永正九）年運久が引退すると忠良は家督を継ぎ、相模守を称し、相州家の所領田布施、高橋、阿多をも領することになり、本領伊作と合わせた四か郷の領主になることができ、島津家の分家のなかでも、一廉の勢力を持つ存在となった。

一五一九（永正一六）年、守護となった本家の勝久は、本城である清水城を維持することも難しい有様で、薩摩国の経営は思うにまかせなかった。当時薩摩では出水城主で、島津の分家である薩州家の実久や国衆の入来院氏らが力を蓄えつつあり、忠良もそれに互するようになりつつあった。本家を分家がしのいで行く戦国時代の風潮が鹿児島にも見られるようになったのである。

この風潮のなか忠良は、一五一四(永正一一)年生まれの長男貴久が人望もあり、英明だったので、勝久の後継者に推したところ、一五二六(大永六)年勝久は守護の後継者として貴久を受け入れた。忠良は、子の貴久を守護島津家の後継者にすることに成功したのである。しかし戦国の動乱期には、このような禅譲まがいで後継者が決まるものではなかった。案の上貴久が鹿児島に居を移した翌年、実久の襲撃にあって、夜逃げ同然の姿で鹿児島を退いた、その後も忠良と貴久、実久、勝久の三者の軋轢は激しいものになった。

これに打ち勝とうと忠良と貴久は新興勢力である各地の農業従事者をも組織する新しい家臣団を組織して、島津本家は無論のこと、実久等の島津の分家や国衆を実力で駆逐した。正に戦国大名としての手腕の発揮で、文字通り、謀略あり、瞬時の判断ありと優れた戦略と戦術とを織り交ぜたものであった。このようにして、一五五〇（天文一九）年清水城にかわって、新たに内城を築き、自らの家臣団を以って実久、勝久その他を追放し、鹿児島で旧来の島津本家に替わって、薩摩半島を主とする戦国領国を経営するようになった。ここに鹿児島の戦国大名が生まれたのである。

五十八歳の忠良は、これを機に加世田（鹿児島県加世田市）に隠居し、これ以後は専ら貴久が薩摩大隅日向の国衆の組織化に努め、合戦を指揮した。

引退した忠良は剃髪し愚谷軒日新斉《ぐこくけんじっしんさい》または梅岳常潤在家菩薩《ばいがくじょうじゅんいんざてけぼさつ》と号し、一五五二（天文二一）年には生きながら葬式を出す生茶毘往生を行った。忠良は戦国大名であったが、神儒仏を合わせた宗教観を持ち、行者と自称しつつ、子の貴久らに政治指導者の心得を説き、また家臣を島津家に結束させるための精神教育を施すことを課題としていた。そして、貴久が鹿児島に入城した二年後、無辺の大願を成就するためにと言って往生を企て、日時を定め用意を完了した。子息と家臣の諫言で実行は思い留まったが、空《から》の厨子を火葬し供養の施行をした。この時家臣は、忠良に島津家繁栄のために忠誠をつくすことを誓った。忠良が家臣を島津家に結束させようとの企ては、この生茶毘往生の誓いで大きく前進した。

忠良は四十五歳のときから桂庵禅師の高弟舜田《しゅんでん》、その弟子舜有《しゅんゆう》を師として儒学を学んでいた。既に一五四六（天文一五）年、急速に増大化していた家臣団の指導と教育に関心を寄せており、家臣団としての規範を理解しやすいように、覚えやすいようにと、いろは順に歌にしていた。それを家臣春成久正を派して、御歌所の宗養と、摂関家筆頭の近衛家の稙家に指導を願い、稙家からは称賛の跋を得ていた。

いろは歌は、戦国島津家の家臣団に加えて、近世の鹿児島藩の家臣団の精神鍛錬の場である郷中教育でも、重視され尊重され、藩士の基本理念の普及に大きく貢献した。

忠良は隠居後、戦没者を敵味方にかかわらず供養するために、加世田に六地蔵塔を建てている。即ち引退後の忠良は戦国大名島津家の初代としての働きを消し去り、専ら神儒仏を統合した偉大な宗教家として知られるように自から意図した。そのことが、貴久以降の戦国島津氏の働きを多くの人に印象付けることになり、また家臣団教化には有効だと考えたのである。確かにこれはいろは歌が島津家の家臣団の精神的な支柱となるのに大いに役にたった。その忠良は一五六八（永禄一一）年加世田に没した。今では忠良はひろく「いろは歌」の作者として知られている。

しかし、いろは歌の作者である忠良、出家名日新斉は、実は戦国大名島津家の初代として、鹿児島の戦国期に大きな役割を果たした武将で政治家だったのである。

# 島津日新公いろは歌※目　次

島津忠良（日新公）　鹿児島短期大学学長　三木　靖　1
いにしえの　11
楼の上も　12
はかなくも　13
似たるこそ　14
仏神　15
下手ぞとて　16
科ありて　17
知恵能は　18
理も法も　19
ぬす人は　20
流通すと　21
小車の　22
私を捨てて　23
学問は　24

善きあしき
種となる
礼するは
そしるにも
つらしとて
ねがはずは
名を今に
楽も苦も
昔より
憂かりける
亥にふして
のがるまじ
思ほへず
苦しくと
やはらぐと
万能も
賢不肖

無勢とて 42
心こそ 43
廻向には 44
敵となる 45
あきらけき 46
酒も水 47
聞くことも 48
弓を得て 49
めぐりては 50
道にただ 51
舌だにも 52
酔へる世を 53
ひとり身を 54
もろもろの 55
善に移り 56
少しきを 57
あとがき 58

## い

いにしへの道を聞きても唱《とな》へても
わが行《おこな》ひにせずばかひなし

昔の偉い人たちの教えをいくら聞いても、自分の口で復唱しても、それを行動に移さないとなにもならないということ。

いにしえの道＝昔の聖賢の教義、学問

## ろ

楼《ろ》の上もはにふの小屋も住む人の
心《こころ》にこそは　たかきいやしき

立派な家に住んでいても、みすぼらしい草葺の家に住んでいても、人間の価値には関係ない。心掛けが立派であれば、その人は尊敬されるのである。

楼＝二階づくりの家。はにふの小屋＝草葺の家

## ㊇

はかなくも明日《あす》の命をたのむかな
今日も今日もと学《まな》びをばせで

今日できることを明日に延ばし、さらに明後日に延ばす。明日という日を頼みにすると結局何も出来ない。今日できることは必ず今日しなさいということです。

## に

似《に》たるこそ友としよけれ交《まじわ》らば
われにます人《ひと》　おとなしき人

自分と同じレベルの人と友達になろうとするものであるが、なるべくならば自分よりも才能や学問などの優れた人で、思慮分別のある人を選ぶようにしなさい。

## ほ

# 仏《ほとけ》神他にましまさず人よりも
# 心《こころ》に恥《は》ぢよ　天地よく知る

人間の心には神仏が必ず住んでいるものである。自分の良心に恥じることなく正しい生活行動をしなさい。誰も見ていないようであるが、天地は必ず見ている。天地をごまかすことはできない。

## へ

下手《へた》ぞとて我とゆるすな稽古《けいこ》だに
つもらばちりも　山《やま》とことの葉《は》

いくら下手でも稽古をおろそかにするものではない。毎日少しずつ稽古を積み重ねれば必ず上達する。「塵も積もれば山となる」の譬えどうりである。

## と

科《とが》ありて人を斬るとも軽くすな
いかす刀《かたな》も ただ一つなり

罪人であっても、軽率に処罰してはならない。慎重に考えなさい。殺すことより生かすことの難しさをよく考えなさいということ。

## ち

知恵《ちえ》能は身につきぬれど荷にならず
人《ひと》は　おもんじはづるものなり

人間の知恵や能力はどれだけ身につけても、決して邪魔にはならない。多くのことを学び知恵や能力を身に付けなさい。沢山の能力を身に付けた人を世間の人は尊敬し自分の無知を恥ずかしがるものであるから、知恵や能力はたゆまなく磨きなさい。

## ⓡ

理《り》も法も立たぬ世ぞとてひきやすき
心の駒《こま》の　行くにまかすな

乱れた世の中であっても、自分勝手な振る舞いに走ってはならない。たとえ世間が乱れても、どのように変化しても自分の行動は正しく真直ぐに進むようにしなくてはならない。

# ぬ

ぬす人はよそより入ると思《おも》ふかや
耳《みみ》目《め》の門《かど》に　戸ざしよくせよ

悪は外から入ってくるものと思っている人が多いが、本当の悪は自分の内にいるものである。人のことばに惑わされたり、まわりの変化に自分を見失ったりすることがないように。心の戸締りをしっかりと。

# る

流通《るづう》すと貴人や君が物語り
はじめて聞《き》ける　顔もちぞよき

よく知っていることでも上司や目上の人の話は初めて聞くような態度を取りなさい。知っているからといって、横着な態度はとってはいけない。

## を

小車《をぐるま》のわが悪業《あくごう》にひかれてや
つとむる道《みち》を　うしと見るらん

欲望や情欲につい引かれてしまうのが人間である。そして何ともなかった仕事などが辛くなってきて、仕事をさぼってしまい、悪行にはしってしまう。自分の道を感謝の心で努め、歩くように。

## ㋻

私を捨《す》てて君にし向はねば
うらみも起り　述懐《しゅつかい》もあり

君主に仕えるためには、私心を捨てなければいけない。私心があるから不平不満をついつい言ってしまう。私利私欲にとらわれずに無の心で仕えることが自分を伸ばす。

## が

学問《がくもん》はあしたの潮のひるまにも
なみのよるこそ　なほ静《しず》かなれ

朝でも昼でも学ぶに時を選ぶ必要はない。だが、できれば夜。万物が眠る夜の静けさほど勉学に適した時はないようだ。

# よ

善《よ》きあしき人の上にて身を磨け
友《とも》はかがみとなる　ものぞかし

善いことはすぐに見習い、悪いことはすぐに反省し、自分自身を磨きなさい。また友達の行いは自分の反面教師となるので、自分の修行の手本にしなさい。

## た

種《たね》となる心の水にまかせずば
道《みち》より外に　名も流れまじ

欲望の心は捨てて、良心に従って行動すると道も外さない。正しい道を歩きなさい。いかなる時でも、心が迷い煩うことのないように、平常から修行しなさいということ。

# れ

礼《れい》するは人にするかは人をまた さぐるは人《ひと》を　さぐるものかは

他人に礼を尽くすことは、決して他人のためばかりでない。同じように人を見下げるということは、自分を見下げていることになる。謙虚さと礼儀正しさを失うことがないように。少しばかりの才能を鼻にかけて、人前で威張るようなことは慎みなさい。

## ㋞

そしるにもふたつあるべし大方《おおかた》は　主人のためになるものと知《し》れ

主人の悪口には二通りあって、本当に主人の事を思って心から諫言しているのと、自分の私利私欲からの鬱憤を言っているのとあるが、いずれにしても主人の為になることであるから主人は寛大な心で受けとめて、反省するべきである。

## つ

つらしとて恨《うら》みかへすな我れ人に
報《むく》ひ報ひて　はてしなきせぞ

人から辛い事をされても、けっして報復をしてはならない。人間はみな弱い。許す心が大切である。耐えてこそ咲く花もある。

# ね

ねがはずは隔《へだ》てもあらじいつわりの
世にまことある　伊勢《いせ》の神垣

世の中がどのように変化しようとも、真心をもって自分の本分を尽くしなさい。神様は必ず公平に取り扱ってくださる。天に恥じることはないか、自分をみつめよ。

## な

名《な》を今に残しおきける人も人
心《こころ》も心　何かおとらん

後世まで名前を残すような立派な人でも、みな同じ人間である。自分も努力すれば必ず名を残す人になれる。自分にふさわしい道を選んで修養をつみなさいということ。

## ら

楽《らく》も苦も時過ぎぬれば跡もなし
世に残る名を　ただ思《おも》ふべし

人生の苦楽はその時だけのものだが、名は永遠に残る。世のために尽くし、子孫のためによい名を残すようにつとめねばならない。

## む

昔《むかし》より道ならずしておごる身の　天《てん》のせめにし　あはざるはなし

道にかなわない生き方をして奢る人には必ず天罰が下る。不正な富を得ても長続きはしない。地道ながらも、真面目に正しく生きなさいということ。

# ㋒

憂《う》かりける今の身こそは先の世と

おもへばいまぞ　後《のち》の世ならん

仏教の因果を解いたもの。今の世の中の苦楽は前世の生き様である。従って今の世の中を一生懸命、正しくいきることによって、来世も希望に満ちた素晴らしい人生が待っているということ。

## ゐ

亥《ゐ》にふして寅には起くとゆふ露の
身《み》を徒《いたづら》に　あらせじがため

夜は十時に寝て朝は四時に起きなさい。露のごとくはかない人生を無駄に過ごさないようにと、戒めている。

## ㋨

のがるまじ所《ところ》をかねて思ひきれ
時《とき》に到りて　涼しかるべし

とても逃れることのできないと思うときは思いきって決断することである。命を捨てる覚悟であたれ。この覚悟で生きることが、爽やかなすがすがしい気持ちにさせてくれる。

# お

思《おも》ほへず違《たご》ふものなり身の上の
欲《よく》をはなれて　儀を守れひと

人道にはずれてまでも欲に引かれてはならない。私利私欲を捨てて正義、世の中の道を守るのが大事である。

# く

苦《くる》しくとすぐ道を行け九曲折《つづらおり》の
末は鞍馬《くらま》の　さかさまの世ぞ

どんなに苦しいことに出会っても、正しい道を進みなさい。曲がった道を進めば末は必ず自分の身を滅しひどい憂き目にあうということ。

(や)

やはらぐと怒《おこ》るをいはば弓と筆
鳥《とり》に　ふたつのつばさとを知れ

上にたつものはあまり優しくては部下に嘗められる。しかし厳格過ぎても陰口をたたかれる。鳥に二つの翼があるように、優しさと厳しさの二面を上手く使いわける人が、人を動かす。

## ま

万能《まんのう》も一心とあり事《つか》ふるに
身ばし頼《たの》むな　思案堪忍

どんなに才能があっても心が正しくなければ、何の役にもたたない。人に仕えるときはいくら才能があっても自慢することなく、常に思案して慎重に仕えなさい。

# ㊗け

賢《けん》不肖もちひ捨つるといふ人も
必ずならば　殊勝《しゅしょう》なるべし

賢い人を使い、そうでない人を捨てるということはなかなか難しいことである。人の上に立つ者は、人柄や才能をできるだけ公平に見る目を養うべきである。

# ぶ

無《ぶ》勢とて敵を侮ることなかれ
多《た》勢《ぜい》をみても　恐るべからず

小人数だからといって敵をあなどるな。しかし大人数だからといって敵を恐れることもない。常に自分を見失うことなく事に当たれ。

## こ

心こそ軍《いくさ》する身の命なれ
そろふれば　生《いき》き揃はねば死す

将兵が一致団結すれば、戦に勝つことができるが、そうでなければ負けるであろう。企業も同じで、規模の大小に関わりなく皆で心をひとつにすれば企業は伸びるのである。

## え

回向《え》には我と人とを隔つなよ
看経《かんきん》はよし　してもせずとも

戦場では敵味方に分かれて戦っても、死んだ人を供養するときは敵味方を区別することなく、冥福を祈りなさい。慈悲の心が自他を救う。

# て

敵《てき》となる人こそは己が師匠ぞと
思ひかへして　身《み》をも嗜《たしな》め

自分と気の合わない人や敵とみなしている人には近づきたがらないものだが、考えようによってはそういう人こそ師匠のように、自分を悟すと心せよ。

あ

あきらけき目も呉竹《くれたけ》のこの世より
迷はばいかに　後《のち》のやみぢは

この世の罪は来世までも影響をおよぼすものである。目先の欲にとらわれず、常に先を見て今の行いを正すべきであろう。

さ

酒《さけ》も水ながれも酒となるぞかし
ただ情《なさけ》あれ　君が言《こと》の葉

将たる者は、深い情けで部下に当たるようにいつもこころがけなければならない。そうすることにより部下は大いに士気をたかめるものである。きびしい言葉の裏の優しさが人の心にしみる。

き

聞《き》くことも又見ることもこころがら
みな迷《まよ》ひなり　みなさとりなり

同じような状況も受け取る側の心がけでどのようにでも変わるものである。我を通すことを控えて、何ごとも謙虚に吸収することで人は成長する。

# ゆ

弓《ゆみ》を得て失ふことも大将の　心《こころ》ひとつの　手をばはなれず

大将の心ひとつで、軍の意気が上がったり、反対に衰退したりするものである。よく部下の心をとらえて士気が衰えないようにするべきである。上に立つ者の采配ひとつで状況が変わる。

## ㋱

めぐりては我《わ》が身にこそは事《つか》へけれ
先祖のまつり　忠孝《ちゅこう》の道

先祖をよく供養すれば、自分の子孫もよく供養してくれるものである。先祖の祭りを大切にして、親に対しては孝の道を尽くせばやがて我が身にかえってくる。

み

道《みち》にただ身をば捨てんと思ひとれ
必《かなら》ず天の　助けあるべし

正義のためには、命を捨てる覚悟で事にあたれば、必ず天の助けがある。何事にも命がけで事に当たりなさい。それが幸せに通ずる。

## し

舌《した》だにも歯のこはきをばしるものを
人《ひと》は心の　なからましやは

舌でさえ歯のかたいことをよく知っていて歯からは噛まれない。ましてや人には心がある。人間の交わりも心が中心で外面的なものではない。よく相手の立場を考えて相手の心を害さぬように心がけるべきである。

## ㊄ゑ

酔《ゑ》へる世をさましもやらで 盃《さかづき》に
無《む》明《みょう》の酒を かさぬるはうし

思い通りにならない世だからと酒びたりになっても進歩はない。そういう時こそ静かに自分を見つめてみるいいチャンスではないだろうか。

ひ

ひとり身をあはれとおもへ物《もの》ごとに
民《たみ》にはゆるす　心あるべし

たよる者のない一人身は淋しいものである。上に立つ者は、そのことをわきまえ、慈悲の心と赦しの心を持たねばならない。

もろもろの国《くに》やところの政道は
人にまづよく　教《おし》えならはせ

いろいろな国や所の法律を、人民にはよくよく教えておかなければならない。充分にわきまえていない人民を、法を破ったからといって罰することは慎むべきである。真の民主的政治は「よく知らしむる」ことから始まる。

## ㊝

善に移りあやまれるをば改《あらた》めよ
義《ぎ》不義は生れ　つかぬものなり

人の善し悪しは生れついてのものではない。どんな悪人でも、よく教え導いてやれば善人になりうるものである。寛容と忍耐を持って善人になるようまわりの人々が努めなければならない。

## す

少《すこ》しきを足れりとも知れ満ちぬれば
月もほどなき 十六夜《いざよい》の空

何事にも欲を出すことなく、ほどほどで満足することが大切。月も十五夜に満月になっても翌日の十六夜からはかけ始める。欲を深くすることなく足ることを知って満足しなさい。そうすれば人をねたむこともなくなる。

# あとがき

歴史を勉強することのおもしろさは、過去のできごとを知り、その時代に生きた人々の暮らしを想像すること、さらにはそれが現代にどのような影響を与えているかを思いめぐらせることではないだろうか。

まさにノンフィクションの世界のおもしろさである。それはまた、フィクションを越えたフィクションの世界ともいえる。

現代からタイムスリップさせた空間に身を置き、もう一歩深く、歴史に興味をしめすとき、それは人生の大きな羅針盤となるだろう。

わたしたちの郷土、鹿児島には、先人が残してくれた素晴らしい歴史的遺産が多い。それは現代の生活でもじゅうぶんに価値をもつものである。

ここに上梓した「いろは歌」には、薩摩人の誇りや理念がこめられている。歴史を動かしてきた武の精神が息づいている。

時代のうねりは大きくそして早い。

そんな時代にあって、人の心までがとげとげしく、余裕をうしなってはいないだろうか。あるべき人の心を見直し、受け継ぐために、今こそ先人の残した言葉を読み返してみたい。そういう意味をこめて　弊社一〇〇冊目の本として「いろは歌」を企画した次第である。この小冊子が一人でも多くの手にとられ、ページをめくっていただけたら幸いである。豊かな鹿児島の精神土壌の復活のためにも。

出版にあたり、鹿児島短期大学学長の三木靖先生には、お忙しいなか、貴重な資料「島津忠良（日新公）」を寄稿していただいた。こころからお礼を申し上げたい。

二〇〇〇年五月

高城書房　代表　寺尾政一郎

2000年6月14日　初版1刷発行
2018年4月1日　　3刷発行

著　　者　高城書房編集部

発 行 者　寺尾政一郎

発 行 所　高城書房
〒891-0111 鹿児島市小原町32－13
電話 099－260－0554
振替 02020－0－30929

印 刷 所　大同印刷株式会社


ISBN978－4－88777－000－3　C0021